Artistes | numéro 31

JEAN FOUQUET, UN ARTISTE POLYVALENT

Entre *ars nova* et Renaissance italienne

par Caroline Blondeau-Morizot

50MINUTES

Avec la collaboration d'Elisabeth Bruyns

JEAN FOUQUET

- **Naissance ?** Né vers 1415-1420.
- **Mort ?** Décédé avant 1481.
- **Contexte ?** L'art français du XVe siècle, entre *ars nova* et Renaissance italienne.
- **Œuvres majeures ?**
  - *Autoportrait* (vers 1451)
  - *Portrait de Charles VII* (vers 1450-1455)
  - *Diptyque de Melun* (vers 1452-1455)
  - *Livre d'heures d'Étienne Chevalier* (1452-1460)
  - *Rondel de Laurens Girard* (vers 1460)
  - *Pietà de Nouans-les-Fontaines* (1460-1465)

Jean Fouquet est aujourd'hui considéré comme l'un des plus grands peintres de la fin du Moyen Âge. À une époque de révolution picturale, il s'impose comme un grand rénovateur de la peinture française, à cheval entre expérimentations nordiques et innovations toscanes.

Dans un contexte de reconstruction du royaume, marqué par les crises et les guerres successives, Jean Fouquet a la chance de bénéficier d'une clientèle constituée d'officiers et de proches du roi, dont il devient le peintre attitré. Il est alors l'un des artistes les plus célèbres du pays, porté par un grand élan culturel. Peintre et enlumineur, il réalise de nombreux cartons pour divers supports (tapisserie et vitrail, notamment) et s'essaye également à la technique de l'émail. Au moment où, en Italie, l'humanisme place l'homme au centre de toutes les préoccupations, Jean Fouquet incarne pleinement le changement de statut touchant les artistes, qui cessent d'être considérés comme de simples artisans. La transition vers l'époque moderne est amorcée.

Jean Fouquet est loué de son vivant par les Italiens Filarete (vers 1400-1469) et Francesco Florio (1428-1483/1484), mais aussi au XVIe siècle par Jean Lemaire de Belges (1473-après 1515), Jean Thenaud (vers 1480-1542) et Giorgio Vasari (1511-1574). Il faudra toutefois attendre le XIXe siècle et surtout l'année 1904, à laquelle a lieu une exposition des primitifs français, pour que soit redécouvert le talent de ce maître.

CONTEXTE

UN ROYAUME EN CRISE

Au XVe siècle, le royaume de France subit le lourd héritage du siècle précédent, marqué par la peste noire (1346-1352) et la guerre de Cent Ans, qui se poursuit jusqu'en 1453. Après une courte embellie dans les premières années du siècle, le pays est à nouveau terriblement affaibli par de nouvelles épidémies, la famine et des intempéries ravageant les cultures. Une crise économique et démographique s'ensuit qui dépeuple les campagnes et n'épargne pas les villes. Depuis près d'un siècle, le taux de mortalité est tel que la population diminue de moitié : du XIVe siècle au début du XVe siècle, Paris passe ainsi de 200 000 à 100 000 habitants, et ce malgré un fort exode rural. Cette situation catastrophique n'est pas sans incidence sur la société et marque profondément les esprits. L'apparition d'un goût pour le macabre et le succès croissant des représentations de la mort à partir des années 1420 en témoignent : l'opinion perd ses repères tant la mort frappe au hasard, évinçant la hiérarchisation de l'ordre social.

LA GUERRE DE CENT ANS

Ce conflit oppose la France et l'Angleterre de 1337 à 1453 à propos des territoires anglais en France et de la légitimité contestée du roi français. Elle est déclenchée par Édouard III d'Angleterre (1312-1377) face à Philippe VI (1293-1350), et se termine par la défaite anglaise à la bataille de Castillon en 1453. Cette guerre particulièrement longue est entrecoupée de nombreuses trêves. La noblesse française est décimée lors des multiples affrontements, notamment à Azincourt, Crécy et Poitiers, et la France souffre énormément des conséquences de ce conflit, notamment d'un point de vue économique.

À ces bouleversements s'ajoute une grave crise politique : le pouvoir du roi Charles VI (1368-1422) diminue au profit de ses proches qui se livrent à des luttes intestines. Ses oncles Jean de Berry (1340-1416) et Philippe le Hardi (1342-1404), son frère Louis d'Orléans (1372-1407) et son cousin Jean sans Peur (1371-1419) se disputent âprement le pouvoir. Cette situation dégénère en 1407, suite à l'assassinat de Louis d'Orléans par les partisans de Jean sans Peur. S'ensuit une véritable guerre civile entre les « armagnacs » (en faveur du dauphin, le futur Charles VII, 1403-1461) et les « bourguignons » (les partisans du duc de Bourgogne, Jean sans Peur). Ce conflit durera 15 ans, ponctué par de nombreux assassinats.

Enfin, en 1415, la guerre de Cent Ans est relancée par les Anglais, qui écrasent la cavalerie française à Azincourt et marchent sur Paris, envahissant le Nord de la France. Le dauphin se réfugie à Bourges, où il est couronné sous le nom de Charles VII, tandis que le roi d'Angleterre Henri VI (1421-1471) trône à Paris. C'est dans ce contexte que Jeanne d'Arc (1412-1431) redonne confiance à l'armée française et, par le sacre de Charles VII à Reims, rétablit sa légitimité en tant que roi de France. Peu à peu, celui-ci reconquiert les territoires sous domination anglaise. Vient alors le temps de la reconstruction.

UNE REPRISE PROGRESSIVE

La deuxième moitié du xve siècle est synonyme de reconstruction : après une période particulièrement troublée, les années 1450 marquent un tournant important. La reprise économique est rapide, aidée par le développement des grandes foires et l'épanouissement du commerce, notamment à travers la figure de Jacques Cœur (1395-1456), grand argentier du roi, à la tête d'un réseau marchand international. Il faut toutefois attendre la fin du xve siècle pour qu'elle touche toute la France. Par ailleurs, le règne de Louis XI (1423-1483), de 1461 à 1483, n'est pas de tout repos, ce dernier devant faire face à des complots ourdis par ses proches. La fin du siècle est ainsi à nouveau rythmée par la violence et les affrontements.

Parallèlement, les institutions connaissent un profond renouvellement et gagnent en importance. La folie de Charles VI et le déclin temporaire du pouvoir royal ont en effet permis aux diverses chambres, à la Chancellerie et au Parlement de devenir plus forts. Une catégorie d'officiers dédiés au service public acquiert également davantage d'influence et devient l'élite. Ces officiers appuient et secondent le roi, dont le pouvoir s'amplifie au détriment de celui des seigneurs et princes, qui deviennent désormais des courtisans. De grandes réformes militaires, judiciaires, administratives et politiques, illustrées par Jean Fouquet dans de nombreuses œuvres, sont également menées. Les principaux clients de ce dernier – Guillaume Jouvenel des Ursins (1401-1472), chancelier de France, Étienne Chevalier (vers 1410-1474), trésorier de France, et Laurens Girard, contrôleur des finances – sont d'ailleurs issus de la nouvelle classe sociale d'officiers.

L'ART AU SERVICE DU RÉEL

Lorsque Jean Fouquet commence sa formation de peintre, vers 1430, la peinture occidentale vient d'entamer une profonde mutation. Jusqu'alors régie par les codes de représentations byzantins, qui privilégient la représentation d'archétypes et le symbolisme des compositions, elle tend désormais vers le réalisme. Les expérimentations italiennes constituent le fondement de cette nouvelle approche, notamment celles de Giotto (vers 1266-1337) en ce qui concerne le volume des corps, mais c'est surtout la codification des règles de la perspective qui bouleverse en profondeur la peinture du XVe siècle. Grâce au système de figuration géométrique de l'espace inventé par Filippo Brunelleschi (1377-1446), la troisième dimension fait son apparition en peinture.

Parallèlement aux innovations italiennes, les artistes nordiques de l'*ars nova* concentrent leurs recherches autour du détail : les objets du quotidien envahissent les tableaux, sublimés par un travail sur la lumière et son reflet sur les matières. Entre Renaissance italienne et *ars nova*, Jean Fouquet s'approprie les acquis de ces deux grands courants artistiques et les transcende.

L'*ARS NOVA*

L'*ars nova* désigne la révolution picturale mise en œuvre dans les anciens Pays-Bas au XVe siècle par trois peintres : Robert Campin (vers 1378-1444), dit le maître de Flémalle, Jan Van Eyck (vers 1390-1441) et Rogier Van der Weyden (vers 1400-1464). Ce courant se caractérise par une volonté de naturalisme qui passe par diverses expérimentations techniques. C'est à partir de cette période, notamment, que l'usage de l'huile comme liant dans la peinture se répand, permettant des effets de transparence jusqu'alors impossibles.

BIOGRAPHIE

LE VOYAGE EN ITALIE

La vie de Jean Fouquet demeure assez méconnue en raison du manque de sources. On ne connaît ni sa date de naissance, ni ses origines familiales. Il naît probablement à Tours entre 1415 et 1420, soit juste après la défaite des Français à Azincourt, à une époque troublée. On situe sa formation de peintre autour des années 1435-1440. Il aurait pu être en contact avec le milieu pictural flamand à ce moment-là, mais rien n'est certain.

Entre 1443 et 1447, il se rend en Italie, où son séjour est documenté par deux chroniqueurs : le Filarete et Francesco Florio. Après une étape présumée en Toscane, où il a sans doute collaboré avec Fra Angelico (vers 1400-1455), il se rend à Rome et se lie d'amitié avec le sculpteur et architecte Filarete. En 1447, il réalise le portrait (perdu) du pape Eugène IV (1383-1447), puis il part à Mantoue où il aurait peint le portrait du bouffon Gonella. Ce séjour aura une influence déterminante sur l'œuvre de Jean Fouquet, notamment grâce à sa rencontre avec les grands innovateurs toscans de l'époque.

LA VIE À TOURS

En 1448, Jean Fouquet rentre en France et s'installe à Tours, où il travaille en tant que peintre pour une clientèle privée prestigieuse constituée du haut clergé ainsi que d'officiers royaux tels qu'Étienne Chevalier, pour lequel il réalise un livre d'heures ainsi qu'un tableau destiné à la cathédrale de Melun. Chevalier, trésorier de France et proche du roi ainsi que de sa maîtresse, Agnès Sorel (vers 1422-1450), lui commande en effet le célèbre *Diptyque de Melun* vers 1452-1455.

L'artiste se met également au service de la ville, qui l'emploie pour ses qualités de peintre et de metteur en scène lors des entrées solennelles (cérémonies organisées à l'occasion de l'arrivée de dignitaires royaux ou ecclésiastiques qui se déroulent sur un parcours où prennent place des décors éphémères peints et des représentations théâtrales). Très investi à Tours, Jean Fouquet participe aux délibérations du conseil municipal ainsi qu'aux astreintes du guet.

S'il voyage régulièrement, son atelier est fixé à Tours, où il est secondé par ses fils. Dès les années 1460, son principal disciple, le « maître du Boccace de Munich », que l'on identifie comme l'un de ses fils (Louis ou François), assiste Fouquet dans son activité d'enlumineur. Ce dernier compte également parmi ses élèves Jean Bourdichon (vers 1457-1521), futur peintre du roi de France. Sur les modèles et les compositions de leur maître, ils réalisent de nombreux livres d'heures et garantissent à l'atelier de Fouquet une activité très importante.

PEINTRE DU ROI

Les liens de Jean Fouquet avec le roi Charles VII sont difficiles à appréhender : avait-il une charge précise auprès du souverain ou celui-ci faisait-il seulement appel à lui ponctuellement ? Toujours est-il qu'il lui commande, entre 1450 et 1455, un portrait officiel le représentant en « TRÈS VICTORIEUX ROY DE FRANCE ». Jean Fouquet livre alors une représentation tout à fait réaliste du souverain, sans aucune idéalisation. Vers 1455, Charles VII le charge également d'illustrer un exemplaire des *Grandes Chroniques de France*, un ouvrage retraçant l'histoire de la monarchie française. Enfin, en 1461, l'artiste est appelé à Paris pour participer aux préparatifs des obsèques de Charles VII, afin de réaliser le moulage du masque mortuaire.

C'est surtout avec son successeur, Louis XI, que Jean Fouquet tisse une relation privilégiée. Ce dernier le charge, entre autres, de réaliser des tableaux pour les chevaliers du nouvel ordre de Saint-Michel, créé en 1469. L'artiste illustre également les statuts de l'ordre, mettant en scène Louis XI présidant un chapitre. Travaillant régulièrement pour le cercle royal, il réalise même, en 1474, un modèle pour le futur tombeau de Louis XI. À partir de 1475, il devient peintre du roi et touche une pension annuelle de 50 livres. Jean Fouquet devient alors l'artiste le plus célèbre du royaume et bénéficie d'un traitement privilégié de la part du roi. La date précise de sa mort n'est pas connue : on sait juste qu'elle intervient avant 1481, date à laquelle sont mentionnés sa veuve et ses héritiers. Ses fils ne sont d'ailleurs plus cités à cette date, sans doute sont-ils morts eux aussi.

L'ORDRE DE SAINT-MICHEL

L'ordre de Saint-Michel est un ordre de chevalerie créé par Louis XI en 1469 et placé sous le patronage du saint archange. L'ambition du roi est de concurrencer l'ordre de la Toison d'or, fondé par le duc de Bourgogne Philippe le Bon (1396-1467). Les chevaliers, au nombre de 36, jurent fidélité au roi et se distinguent par le port d'un collier d'or formé de coquilles et de doubles nœuds. L'ordre est supprimé une première fois en 1791, puis réhabilité par Louis XVIII (1755-1824) en 1816 et de nouveau dissout en 1830.

CARACTÉRISTIQUES

ENTRE *ARS NOVA* ET RENAISSANCE ITALIENNE

On ne saurait réduire l'art de Jean Fouquet à une simple synthèse des deux courants artistiques majeurs de l'époque : l'*ars nova* nordique et la Renaissance italienne. Néanmoins, ils ont particulièrement influencé l'art du maître et sa conception de l'espace et de l'homme.

Tout d'abord, ses œuvres contiennent de nombreuses références à l'art des peintres nordiques. Il leur emprunte notamment leurs procédés illusionnistes – leur goût pour le rendu des matières, leurs jeux de lumière et de transparence, leur perspective atmosphérique – et leurs avancées techniques – la peinture à l'huile en premier lieu. Jean Fouquet utilise souvent, entre autres, les reflets de la lumière sur les surfaces et les matières, à la manière du maître de Flémalle. Il fait également des citations précises à Jan Van Eyck, par exemple à *La Vierge au chancelier Rolin* (vers 1435), dont il reprend le motif de l'homme vu de dos devant un créneau dans les *Grandes Chroniques de France*. Enfin, il développe les représentations urbaines, une tendance amorcée par les peintres flamands et reprise avec succès par le maître tourangeau, qui livre de très belles illustrations du paysage parisien contemporain.

Son voyage en Italie bouleverse toutefois sa vision de l'art : sa rencontre avec Fra Angelico sur le chantier des fresques de San Marco, qui marquent profondément Jean Fouquet, se révèle décisive. De Florence à Rome, le peintre suit Fra Angelico et, selon certains historiens de l'art, collabore avec lui et son apprenti Benozzo Gozzoli (1421-1497). Ses œuvres postérieures, comme le *Diptyque de Melun* (1452-1455), témoignent de l'importance nouvelle qu'accorde Fouquet à la plasticité des figures, au relief des corps et à la construction de l'espace. On y trouve également de nombreuses références à l'art italien, du trône rappelant les *Maestà* (« Vierge en majesté ») toscanes du XIIIe siècle aux anges brillants encadrant Marie évoquant les sculptures en terre cuite émaillée de Lucca della Robbia (1400-1482).

Ainsi, que ce soit dans ses portraits ou dans ses paysages urbains contemporains, Fouquet se nourrit des expériences nordiques et toscanes et les sublime, pour un art au service du réel.

UN PEINTRE POLYVALENT

L'une des particularités de Jean Fouquet, c'est sa polyvalence. Véritable touche-à-tout, il pratique la peinture sur divers supports et témoigne d'une maîtrise technique exceptionnelle.

L'enluminure, la première de ses activités, est aussi la plus importante en nombre d'œuvres réalisées. Sollicité par une clientèle fortunée et par le roi lui-même, il produit des œuvres très différentes des manuscrits enluminés de l'époque. Dans ses grandes miniatures dépourvues de bordures florales, qui auparavant occupaient une grande place, la représentation figurée tient le premier rôle. En réalité, l'artiste traite ses enluminures comme de véritables tableaux, profitant au maximum de la surface de la page. Il s'agit d'une conception révolutionnaire qui rompt définitivement avec les pratiques antérieures. Fouquet expérimente différentes mises en espace et plusieurs compositions au sein desquelles la perspective italienne (perspective à point de fuite central) n'est qu'une option parmi d'autres. Par sa nouvelle vision de cet art, il donne ses lettres de noblesse à l'enluminure.

Malgré quelques pertes, les œuvres sur panneaux de Jean Fouquet sont nombreuses à avoir été conservées. Parmi ses réalisations se trouvent les portraits des grands du royaume : Charles VII, Guillaume

Jouvenel des Ursins, Étienne Chevalier ou encore Agnès Sorel. L'artiste est d'ailleurs reconnu pour ses talents de portraitiste dont témoignent une série de dessins qui le placent en précurseur de Jean Clouet (vers 1475-1541) et d'Hans Holbein le Jeune (1497-1543). Il réalise aussi des panneaux religieux comme la *Pietà de Nouans-les-Fontaines* (1460-1465) ou *La Vierge à l'Enfant* du *Diptyque de Melun* (vers 1452-1455).

Jean Fouquet participe également à la réalisation de projets divers pour lesquels il fournit des cartons. Ainsi, il réalise les dessins préparatoires pour une sculpture (le tombeau de Louis XI à Notre-Dame de Cléry), deux vitraux (le rondel au monogramme de Laurens Girard et la figure de sainte Catherine dans le vitrail de l'*Annonciation* offert par Jacques Cœur à la cathédrale de Bourges) ou encore une suite de tapisseries représentant la bataille de Formigny. Fouquet maîtrise par ailleurs la technique de l'émail, qu'il utilise pour des médaillons placés dans le cadre du *Diptyque de Melun*.

LA MAÎTRISE GÉOMÉTRIQUE

Enfin, Jean Fouquet se démarque de ses contemporains par sa maîtrise de la géométrie, qu'il applique dans la quasi-totalité de ses compositions. Afin de créer des peintures structurées et harmonieuses, le peintre construit l'espace à l'aide de schémas directeurs comme le nombre d'or, des polygones réguliers et de la perspective. Il place les éléments du tableau avec soin pour que le regard soit attiré par certains détails en particulier, et répartit les couleurs de manière savante, afin de diviser et de hiérarchiser son image à la manière d'un metteur en scène.

La présence de trous de compas sur les pages des manuscrits de Fouquet n'est pas rare et confirme l'emploi d'instruments de tracés pour l'élaboration de ses œuvres. Celles-ci, notamment ses enluminures, témoignent également des expérimentations du peintre en ce qui concerne la perspective. Jean Fouquet emploie en effet plusieurs systèmes : la perspective italienne, mais aussi la construction bifocale, la perspective atmosphérique ou encore curvilinéaire. Ses œuvres révèlent l'ambition de ce peintre, qui cherche avant tout à mettre en scène et à construire l'image.

SÉLECTION D'ŒUVRES

VIERGE À L'ENFANT

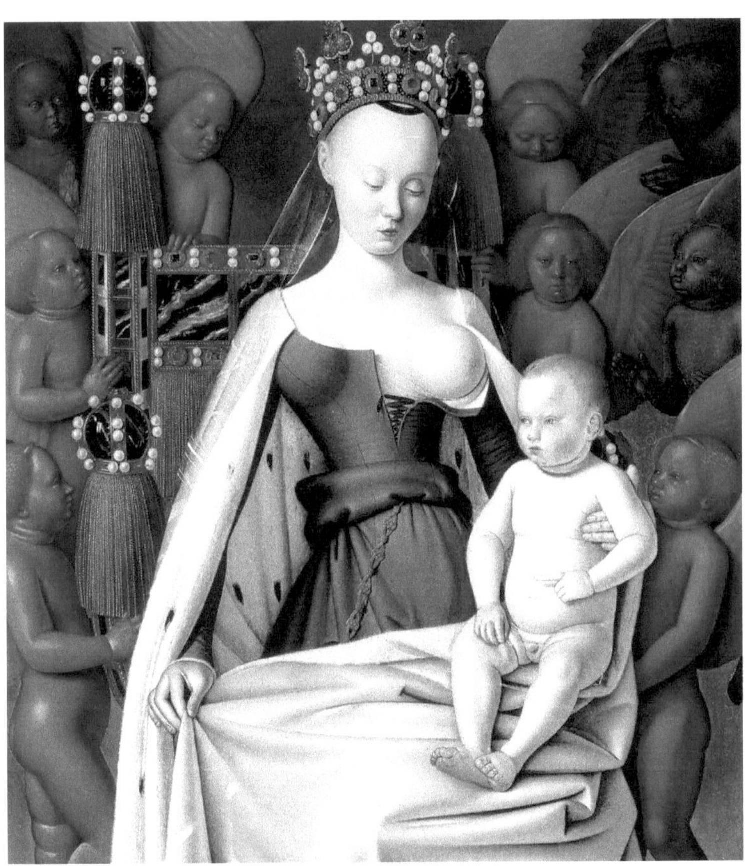

Vierge à l'Enfant, volet droit du *Diptyque de Melun*, vers 1452-1455, peinture sur panneau, 94,5 x 85,5 cm, Anvers, Koninklijk Museum voor Schone Kunsten.

Ce panneau est le volet droit d'un diptyque commandé par Étienne Chevalier entre 1452 et 1455 à Jean Fouquet. Ce haut fonctionnaire destine l'œuvre à l'église Notre-Dame de Melun, où sa femme a été inhumée en 1452. Cette partie du retable représente la Vierge à l'Enfant trônant, encadrée par des anges rouges et bleus, des chérubins et des séraphins.

Il s'agit de l'un des tableaux les plus originaux de la peinture occidentale, et ce à plus d'un titre. L'œuvre frappe d'emblée par le contraste de ses couleurs : au blanc immaculé de la Vierge, du Christ et de son manteau s'opposent le rouge et le bleu profond des anges. La tunique délacée de la Vierge laisse apparaître un sein rond dénudé, raison pour laquelle l'œuvre a été taxée « d'érotisme glacé » par les historiens de l'art. Cette remarque prend tout son sens lorsque l'on sait que sous les traits de la Vierge se cachent ceux d'Agnès Sorel, la maîtresse du roi Charles VII. On ignore encore aujourd'hui ce qui a conduit le peintre à une telle provocation. Toutefois, on peut supposer qu'il n'a fait que respecter le souhait d'Étienne Chevalier qui, au moment de la réalisation du tableau, est l'exécuteur testamentaire d'Agnès.

D'un point de vue stylistique, cette œuvre est très proche de l'art flamand, notamment par son rendu illusionniste des matières. Toutefois, Jean Fouquet effectue de nombreuses références à l'art italien, comme le trône rappelant les *Maestà* (« Vierge en majesté ») du *trecento* ou encore l'aspect sculptural des anges autour de la Vierge.

PIETÀ

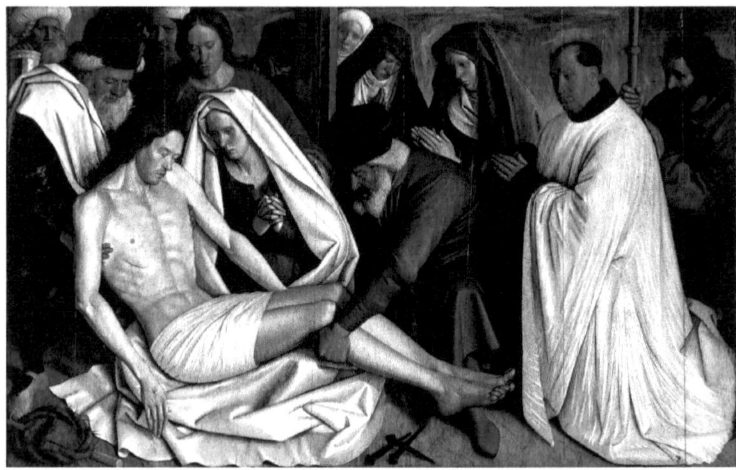

Pietà, 1460-1465, peinture sur panneau, 146 x 237 cm (sans encadrement), Nouans-les-Fontaines, église paroissiale Saint-Martin.

Ce grand panneau tranche avec le reste de la production conservée du peintre : il s'agit, avec la *Vierge à l'Enfant*, de l'un des rares panneaux dédiés à un sujet religieux. Constitué de neuf planches irrégulières, il possède un format inhabituel mis en valeur par son cadre, original, laissant courir une inscription.

Si ce retable est communément désigné comme une *Pietà* (représentation de la Vierge Marie pleurant son fils mort), le sujet iconographique est cependant plus complexe et plus original qu'il n'y paraît à première vue. En réalité, l'artiste a peint la scène qui suit la descente de Croix et précède l'embaumement et la mise au tombeau du Christ : loin de donner à voir une scène statique, il intègre donc sa *Pietà* au cycle de la Passion, en représentant le moment précis où Nicodème et Joseph d'Arimathie déposent le corps du Christ sur les genoux de sa mère. Celle-ci est entourée par saint Jean, Marie-Madeleine, les saintes femmes, mais aussi un ecclésiastique en habit de chanoine, regardant fixement le Christ, en attitude de prière. Il s'agit sans doute du donateur de l'œuvre : de nombreuses hypothèses circulent quant à son identité, qui demeure encore aujourd'hui dans l'ombre. On ignore également la destination du retable : la qualité de chanoine du commanditaire exclut d'emblée l'église de Nouans-les-Fontaines. Il reste donc encore de nombreux mystères autour de ce tableau.

On y retrouve le goût de Jean Fouquet pour la géométrie, notamment dans le bloc pyramidal que forment les protagonistes au premier plan. Toutefois, le maître a, de manière inhabituelle, placé sa composition sur un fond abstrait. De cette manière, il évite de détourner l'attention du spectateur, concentré sur la contemplation de la scène sainte. L'émotion qui se dégage de l'œuvre est très forte : sur les visages se lit une douleur contenue, trahie par les larmes de saint Jean et de la Vierge.

Ce panneau a été découvert très tardivement, en 1931, par Paul Vitry (1872-1941), alors conservateur des sculptures au musée du Louvre. Il est depuis considéré comme l'une des découvertes majeures de l'histoire de l'art au XXe siècle.

LIT DE JUSTICE DE VENDÔME

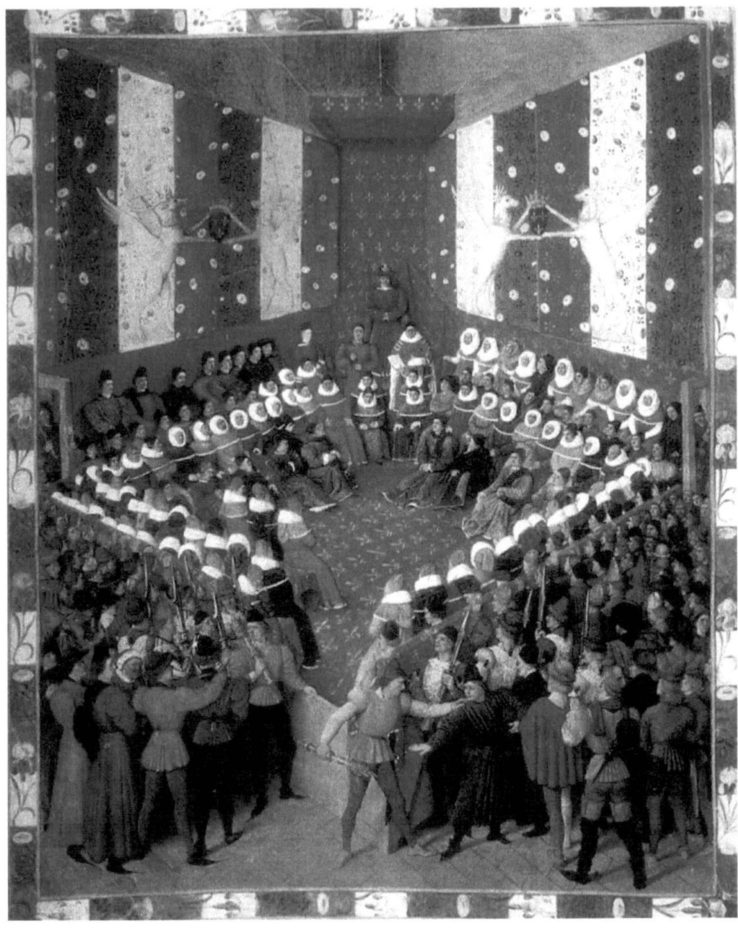

Lit de justice de Vendôme, dans Des cas des nobles hommes et femmes, vers 1459-1460, tempera et or sur parchemin, 40 x 29 cm, Munich, Bayerische Staatsbibliothek.

Cette miniature pleine page est tirée d'une traduction de l'ouvrage de Boccace (1313-1375), *Des cas des nobles hommes et femmes*, rédigé en 1409. Elle illustre le frontispice du manuscrit et représente le lit de justice (séance exceptionnelle tenue au Parlement, où le roi siège entouré des princes du sang et des grands officiers du royaume, installés en fonction de leur rang, un dispositif particulièrement mis en valeur par Fouquet dans sa composition) réuni en 1458 par Charles VII à Vendôme afin de juger le duc d'Alençon (1409-1476) pour trahison. Avec cette miniature, Jean Fouquet réalise, peu de temps après le procès, une composition magistrale, en losange, dont les lignes sont accentuées par les jeux de couleurs des juges. Au sommet se tient le roi trônant sous un dais fleurdelisé, entouré des grands seigneurs du royaume et de son fils. Au premier plan, à l'extérieur du losange, se masse la foule de curieux parmi lesquels un homme qui regarde fixement le spectateur : il s'agirait d'un autoportrait de Fouquet. Il manque toutefois l'un des protagonistes : l'accusé, habituellement placé au centre, est ici absent. Le peintre représente l'instant précis où Guillaume Jouvenel des Ursins prononce la sentence, en présence du roi.

Cette mise en espace, véritable tour de force qui permet au peintre de représenter près de 150 personnages dans sa miniature, constitue une exaltation de l'autorité du roi sur ses sujets. Cet épisode contemporain a été choisi par Jean Fouquet car il illustre parfaitement la réflexion menée par Boccace autour de la chute du pouvoir et des grands hommes dans *Des cas des nobles hommes et femmes*, compilation historique au thème moral qui rencontre beaucoup de succès auprès de l'élite du royaume. Le commanditaire de cette miniature, d'ailleurs, n'est autre que Laurens Girard, gendre d'Étienne Chevalier et contrôleur des finances. Les autres miniatures de ce manuscrit sont réalisées par le fils de Fouquet, le « maître du Boccace de Munich », entre 1460 et 1465.

DEXTRE DE DIEU CHASSANT LES DÉMONS

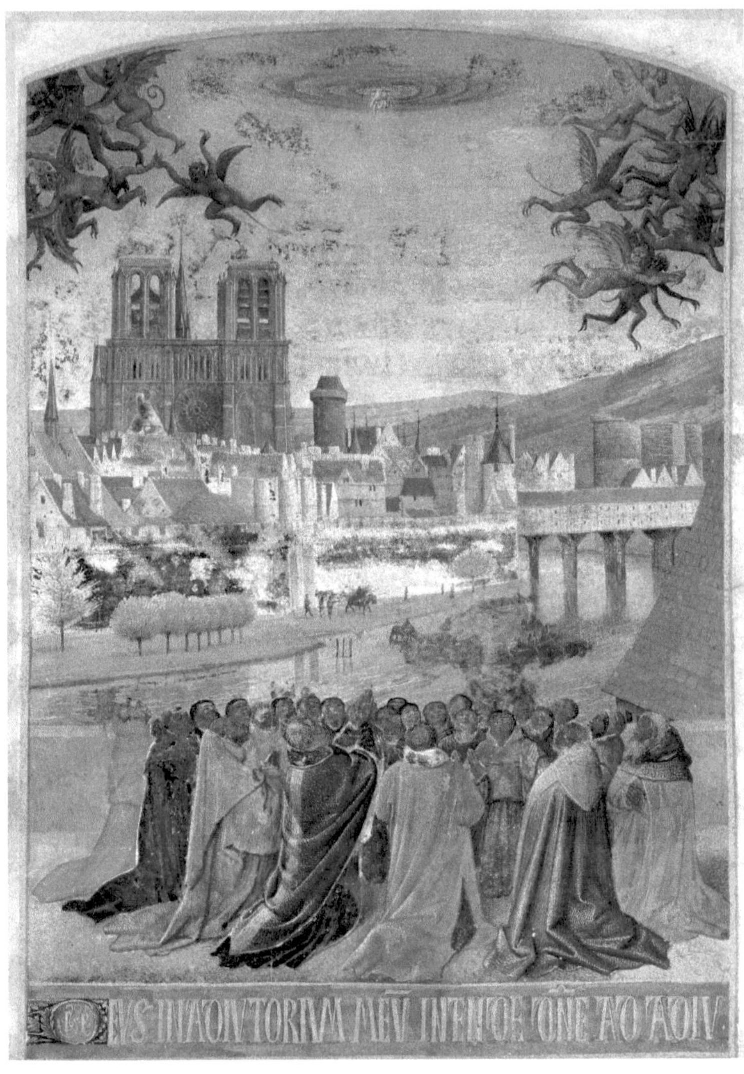

Dextre de Dieu chassant les démons, dans le *Livre d'heures d'Étienne Chevalier*, vers 1452-1460, tempera et or sur parchemin, 19,4 x 14,6 cm, New York, The Metropolitan Museum, Lehman Collection.

Cette miniature est tirée du livre d'heures, ouvrage liturgique, commandé par Étienne Chevalier après son accession au poste de trésorier du royaume. Le manuscrit a été dépecé à la fin du XVIIIe siècle et les enluminures pleine page qui le composaient ont été collées sur des planchettes de bois pour constituer des tableaux indépendants. Si 40 de ces feuillets se trouvent désormais au musée Condé, les autres sont éparpillés dans différentes institutions à travers le monde. C'est notamment le cas de la descente du Saint-Esprit ou « dextre » (la main droite) de Dieu sur les fidèles en prière.

Jean Fouquet situe la scène dans un paysage parisien : on distingue clairement Notre-Dame, le Petit Châtelet, le pont Saint-Michel et ses maisons ainsi que les quartiers de la Cité. C'est dans ce manuscrit que s'exprime le goût de Jean Fouquet pour le panorama urbain et la représentation des édifices parisiens : les autres pages représentent le château de Vincennes, l'abbaye de Saint-Denis, la tour de Nesle, le gibet de Montfaucon ou encore le Louvre.

Le format de ces miniatures rompt avec les mises en pages classiques en éliminant les bordures florales, ce qui laisse plus de place à l'image. L'exécution de ce manuscrit s'étend sur plusieurs années : il s'agit d'une des commandes les plus importantes de Fouquet à son retour d'Italie, alors que sa situation n'est pas encore établie.

AUTOPORTRAIT

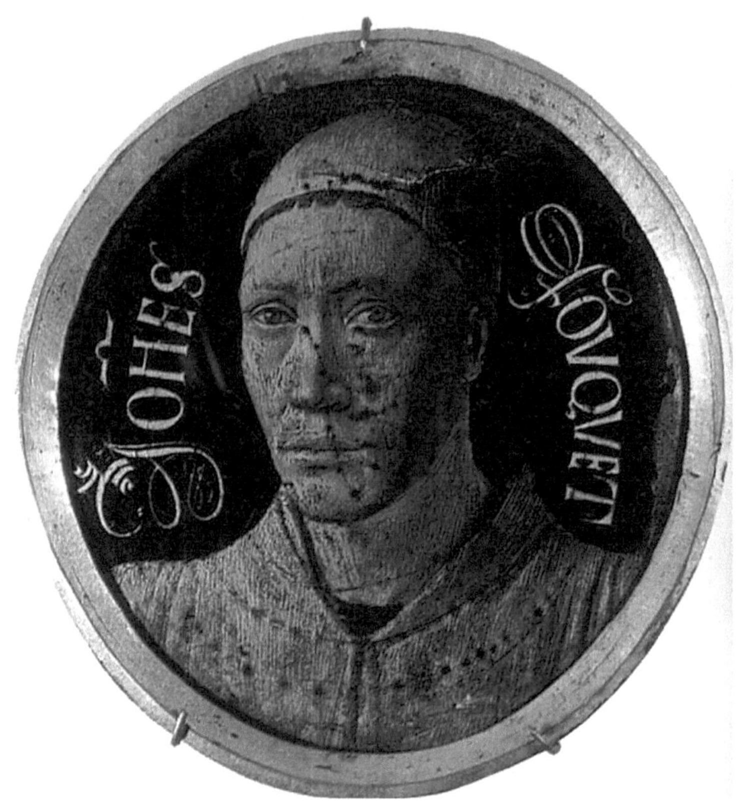

Autoportrait, vers 1451, émail noir et camaïeu d'or sur médaillon de cuivre, 7,5 cm de diamètre, Paris, musée du Louvre.

Ce médaillon est, à plus d'un titre, un objet exceptionnel pour l'histoire de l'art et au sein du corpus de Jean Fouquet. Originellement disposé sur le cadre entourant le *Diptyque de Melun*, il était accompagné d'autres petits médaillons illustrant l'histoire sainte. La présence de l'autoportrait de l'artiste est une révolution dans le sens où il n'est pas intégré à une scène, mais isolé. Par ailleurs, le peintre a apposé sa signature autour de son visage : au contact des artistes italiens, Jean Fouquet a pris une conscience nouvelle de son statut d'artiste.

On peut rapprocher ce médaillon de l'image de profil de Filarete sur la porte de la basilique Saint-Pierre de Rome et de deux autoportraits de Lorenzo Ghiberti (1378-1455) au baptistère de Florence.

D'un point de vue technique, Jean Fouquet utilise un camaïeu d'or, un procédé coûteux qu'il emploie à maintes reprises dans ses enluminures. La peinture à l'or est appliquée sur l'émail sombre, avec deux couleurs distinctes : l'or jaune et une poudre rouge utilisée pour le rouge et les zones d'ombre. C'est cette différence de tonalité qui créé le camaïeu d'or caractéristique de l'art de Fouquet.

Son visage est mis en avant grâce à un travail tout en finesse d'enlevés à l'aiguille, faisant ressortir à certains endroits l'émail noir. Le peintre se représente en train de fixer le spectateur avec une intense gravité. Jean Fouquet a entre 30 et 40 ans au moment de l'exécution de cette œuvre. Il sème d'autres autoportraits présumés à travers ses créations, sans toutefois les désigner aussi clairement et leur donner autant d'autonomie.

JEAN FOUQUET, UNE SOURCE D'INSPIRATION

LE CERCLE DU MAÎTRE

Les premiers continuateurs de l'art de Jean Fouquet sont ses disciples, ceux qu'il a formés au sein de son atelier et en premier lieu son fils, le « maître du Boccace de Munich ». Actif auprès de son père autour des années 1460, ce dernier perpétue son art. Ses œuvres témoignent d'une grande familiarité avec l'œuvre de Fouquet dont il cite régulièrement les figures et les motifs. Il développe cependant son propre style dont l'exécution est parfois moins raffinée. Le maître du Boccace de Munich meurt probablement avant son père, entre 1475 et 1480.

L'élève le plus connu de Jean Fouquet reste toutefois Jean Bourdichon, avec qui il travaille au milieu des années 1470. En 1481, il succède à Fouquet comme peintre et valet de chambre du roi. Artiste polyvalent, il est aujourd'hui particulièrement célèbre pour son œuvre d'enlumineur. Très influencé par l'art de Fouquet, il reprend notamment le cadrage resserré du maître, un *dramatic close-up* qui permet de créer une plus grande intimité entre le spectateur et la figure peinte. La parenté qui unit l'enluminure de la *Vierge à l'Enfant* tirée du *Livre d'heures de Simon de Varye*, de Jean Fouquet (Koninklijke Bibliotheek), et celle de Jean Bourdichon (musée des Beaux-Arts de Tours) est indéniable. Ce dernier s'inspire également de l'italianisme de Fouquet, notamment du point de vue architectural. Il meurt en 1520 ou 1521 et reste à ce jour le plus grand disciple et le continuateur le plus talentueux de Jean Fouquet.

D'une manière plus sporadique, celui-ci influence un groupe de peintres autour des années 1470-1480 : Jean Poyer (actif entre 1483 et 1503) et Jean Colombe (vers 1430-1493) revendiquent clairement, à travers leurs œuvres, leur goût pour le maître de Tours.

LA REDÉCOUVERTE DES PRIMITIFS FRANÇAIS AU XIXᵉ SIÈCLE

Oublié et déprécié pendant des siècles, l'art de Jean Fouquet est redécouvert au XIXᵉ siècle. Mais le succès de ses œuvres n'est pas immédiat : c'est surtout au siècle suivant que les artistes apprennent à apprécier le talent du peintre, notamment grâce à l'exposition du Louvre sur les primitifs français en 1904. Parmi les peintres qui louent le maître, les cubistes semblent être particulièrement touchés par la clarté et les compositions de Fouquet. Fernand Léger (1881-1955) admire son inventivité et Juan Gris (1887-1927) lui dédie *L'Homme de Touraine* (1918). Max Beckmann (1884-1950) s'inspire quant à lui de la *Pietà de Nouans-les-Fontaines* pour sa *Descente de Croix* (1917).

Parmi les œuvres les plus marquantes du maître, la *Vierge à l'Enfant* du *Diptyque de Melun* est souvent citée comme une grande source d'inspiration par les artistes. Le peintre Jean Hélion (1904-1987) la compare aux sobres compositions de Piet Mondrian (1872-1944), tandis que l'artiste et photographe Cindy Sherman (née en 1954) prend les traits d'Agnès Sorel et de son sein offert.

EN RÉSUMÉ

- La carrière de Jean Fouquet, né vers 1415-1420, prend son essor au moment où le royaume de France est en pleine reconstruction, après une période de crise notamment marquée par le lourd héritage de la guerre de Cent Ans.

- Il travaille d'abord au service d'une clientèle prestigieuse composée de grands officiers tels qu'Étienne Chevalier ou Guillaume Jouvenel des Ursins, avant de devenir le peintre du roi. Si on ne connaît pas précisément ses liens avec Charles VII, ce dernier l'emploie à plusieurs reprises à partir de 1450-1455, tandis que son successeur, Louis XI, le nomme officiellement peintre et valet du roi, ce qui lui permet de toucher des gages à l'année. Il s'agit d'un privilège accordé à peu d'artistes.

- De 1443 à 1447, Jean Fouquet voyage en Italie : il se rend probablement en Toscane auprès de Fra Angelico, une rencontre qui marque durablement son art. Il part ensuite à Rome, où il réalise le portrait du pape Eugène IV. Son voyage le rend particulièrement sensible à la nouvelle conception italienne de l'espace, mais aussi au relief des corps et à la plasticité des figures.

- Jean Fouquet est par ailleurs très influencé par les innovations de l'art nordique dès le début de sa carrière. On situe sa découverte de l'*ars nova* au moment de son apprentissage, dont on ne connaît presque rien. Il emprunte à ces artistes leurs procédés illusionnistes, leurs avancées techniques, notamment la peinture à l'huile, et leur goût nouveau pour les représentations urbaines.

- Enfin, Fouquet est un artiste polyvalent : peintre et enlumineur, il réalise également des médaillons en émail et fournit des patrons de vitraux et de tapisseries. Il est par ailleurs sollicité à plusieurs reprises pour ses talents de metteur en scène lors d'entrées solennelles.

POUR ALLER PLUS LOIN

SOURCES BIBLIOGRAPHIQUES

- Avril (François) (dir.), *Jean Fouquet, peintre et enlumineur du xvᵉ siècle*, catalogue d'exposition, Paris, Hazan, 2003.
- Avril (François), Gousset (Marie-Thérèse) et Guenée (Bernard), *Les Grandes Chroniques de France : reproduction intégrale en fac-similé des miniatures de Fouquet*, manuscrit français 6465 de la Bibliothèque nationale de Paris, Paris, Lebaud, 1987.
- Bazin (Germain), *Le livre d'heures d'Étienne Chevalier*, Paris, Somogy, 1990.
- Gauthier (Marie-Madeleine), *Émaux du Moyen Âge occidental*, Fribourg, Office du livre, 1972.
- Stirnemann (Patricia), *Les Heures d'Étienne Chevalier par Jean Fouquet : les quarante enluminures du musée Condé*, Chantilly, Somogy, 2005.

SOURCES ICONOGRAPHIQUES

- Fouquet (Jean), *Autoportrait*, vers 1451, émail noir et camaïeu d'or sur médaillon de cuivre, 7,5 cm de diamètre, Paris, musée du Louvre. La photo reproduite est réputée libre de droits.
- Fouquet (Jean), *Dextre de Dieu chassant les démons*, dans le *Livre d'heures d'Étienne Chevalier*, vers 1452-1460, tempera et or sur parchemin, 19,4 x 14,6 cm, New York, The Metropolitan museum, Lehman Collection. La photo reproduite est réputée libre de droits.
- Fouquet (Jean), *Lit de justice de Vendôme*, dans *Des cas des nobles hommes et femmes*, vers 1459-1460, tempera et or sur parchemin, 40 x 29 cm, Munich, Bayerische staatsbibliothek. La photo reproduite est réputée libre de droits.

- FOUQUET (Jean), *Pietà*, 1460-1465, peinture sur panneau, 146 x 237 cm (sans encadrement), Nouans-les-Fontaines, église paroissiale Saint-Martin. La photo reproduite est réputée libre de droits.
- FOUQUET (Jean), *Vierge à l'Enfant*, volet droit du *Diptyque de Melun*, vers 1452-1455, peinture sur panneau, 94,5 x 85,5 cm, Anvers, Koninklijk museum voor Schone Kunsten. La photo reproduite est réputée libre de droits.

SOURCE COMPLÉMENTAIRE

- RUFFIN (Jean-Christophe), *Le Grand Cœur*, Paris, Gallimard, 2012. Il s'agit d'un roman historique retraçant l'histoire de Jacques Cœur dans lequel il est notamment question de Jean Fouquet.

www.50minutes.com

Éditeur responsable : Lemaitre Publishing
Rue Lemaitre 4 | BE-5000 Namur
info@lemaitre-editions.com

ISBN ebook : 978-2-8062-5830-4
ISBN papier : 978-2-8062-5831-1
Dépôt légal : D/2014/12603-184
Photo de couverture : © *Vierge à l'Enfant*, volet droit du *Diptyque de Melun*, vers 1452-1455, par Jean Fouquet.

Conception numérique : Primento,
le partenaire numérique des éditeurs